分権は市民への権限委譲

上原　公子

はじめに　2
1　豊かさを実感できるまちは、のたれ死にしない町　5
2　まちの形は誰がきめる？　10
3　市民が財産　学園都市・国立　16
4　開発「禁断の地」にマンション建築計画　30
5　地域コミュニティの再生　48
6　専門家と市民と行政のパートナーシップによる「都市計画マスタープラン」　54
A　専門家としての市民がまちづくりに参加する方法　54
B　ワーキンググループから市民がまちづくりに参加する方法　62
C　市民がプロになってまちづくりに参加する方法　66
D　農業支援のためのボランティア組織づくり「農業市民塾」　74
E　「気楽に関わる」参加のしくみづくり　78
7　まちづくりのステージづくり　85

地方自治土曜講座ブックレットNo．７４

はじめに

皆さんこんにちは、私の今日お話するテーマは「分権は市民への権限委譲—市民参加」です。地方分権改革の最終的目標は「市民への権限委譲」ということになるわけですが、私の国立で実践してます「市民参加」を中心にお話しさせて頂きたいと思います。

一昨日、田中真紀子さんと鈴木宗男さんの外務委員会のバトルがありました。あれを皆さんどういうふうにごらんになりましたか。

今なぜ田中さんがあれほど注目されているのか。小泉さんがなぜあれほど国民的な拍手、喝采を受けているのかを考えるにあたって、田中さんの「伏魔殿」はとってもいい表現だと思います。それは何も外務省だけじゃないことを本当は国民は知っていて、そんな政治の世界はうんざりだから手を貸したくないとか、もう無関心でいようとか、そういう状況だったんだと思うんです。まさに私がそうでしたから。

しかし政・官・財の利権構造である鉄のトライアングルを作った田中角栄の娘その人があれだけその利権構造を暴こうとしている。「彼女が言うんだから本当に違いない。やってくれるかもしれない」という国民の期待と確信が今拍手喝さいになっているのかなと思います。

私ども国立という小さい自治体でも同じ「鉄のトライアングル」の中でかなりがっちりとした政・官・財の利権の仕組みが根を張り続けています。私がその中に飛び込むことによってその一角が崩れるわけです。「それを崩させない」というので毎日バトルが繰り返されているわけです。

うちの議会のすごさは、北海道の民主的な町では想像もつかないでしょう。

都会ってすごく保守的なんです。要するに「官」と「議員」が中心のトライアングルが至る所に張り巡らしてあって、それしか動かないというところですから、私が首長になったことによる抵抗はもうすさまじいものです。

ついこの間議会が終わりました。なんと去年の12月からこの7ケ月間で2月以外はずっと議会でした。臨時議会、本議会、臨時議会と毎月議会です。

これは議員も大変だと思うんです。全部否決するんですよ。議員もくたびれると思うんです。否決する理由がないから理由を付けるのが大変なんですよ。議論にならないんです。議論にしてしまうとこっちが勝ってしまうから。

議論にならないことをいろいろとするものですから平行線です。鈴木宗男さんと田中真紀子の議論と同じなんです。自分の人権が侵害されるからといって外交に関係のないことをずっと2時間ぐらいやるわけでしょ。ああいう話がうちは毎日でして、よくぞ体がもっているなと市民が本当に褒めてくれています。

1　豊かさを実感できるまちは、のたれ死しない町

今度私と有名な映画監督と一橋大学の先生との鼎談があるのですが、その事前の打ち合わせの時に、その先生が「今の福祉の状況では僕は野垂れ死にすることを覚悟で生きていくしかない」とおっしゃったのです。この言い方は今の「日本の福祉」に対する大多数の市民の心象を非常に的確に言い表わしていると思います。

分権推進法の「目的」の中に「豊かさを実感できる地域づくり」をするんだと書いてありました。

「真の豊かさが実感できる」とは一体どういうことなんだろうか。

それをやるには自治体ごとに地域の風土・個性がありますから、それに即したやり方をしてい

かなくてはいけないわけです。しかし、今までは全国水準を一律にしなければいけないということで中央集権型で補助金をどんどん下ろしながらやってきたわけです。しかし、財政破綻が国の中で明確になってきて、はたと気がついたら、とてもいままでどおりに面倒みてられる状況ではなくなっていたわけです。

くわえて地域の格差を無視した平準化の国策に我慢できなくなった市民の声に圧倒されて、戦後56年経ってやっと憲法92条の「地方自治の本旨」として保障された分権に立ち至った。本来の主権者である住民に「豊かさが実感できるような自治体を作りなさい」と、財源なしに投げられたわけです。

いろんな不安材料がある。

財政的な先行き不安。また暗く落ち込んでいくような今の経済状況の中での不安。

それから高齢化率がかなり進行してきています。これこそ各地域差があります。うちでも14%を越しました。確実に10年、20年後、私たち団塊世代がちょうどその年齢に入る頃はもうとてつもない爆発的な高齢化時代に突入するわけですから、将来とにかく経済が落ちるんだと覚悟をしなくてはいけない。

また各社会保障制度。結構まあまあよく戦後できてきたにもかかわらず、ハッと気がついて爆発的な人口増の我々の時には、賄いきれないということで制度を見直そうという時代に入りました。今のままの社会保障制度ではないと考えなければいけない。

それから介護保険。「措置から契約」ということで、「自由選択できますよ」といかにも素晴らしいような感じだったのですが、どうも介護保険では年取って介護ということも不自由になるのではないかという不安がある。

若者は何時も携帯電話とパソコンで会話がない。そうするともう地域のコミュニティでお互いに助け合うなどという思い込みをしない方がいいということになる。

そこで一橋大学の先生のように「もう野垂れ死にを覚悟しなければ」ということをおっしゃることになるのです。

残された希望　ＮＧＯ活動

しかし、私は「決してそうじゃない。そうあきらめたらもうとても町に暮らすことはできません。それに変わり得るものがでてきているじゃありませんか」という話をしたんです。ＮＰＯ活動です。

それは多分北海道でもかなりでてきているかと思います。非営利団体の皆さんが自分達で事業をやりながら地域貢献をしていくんだと、むしろ自分の生きがいにしていくんだという活動がたくさんあると思います。

私の町は、たった7万人しかいない町です。面積は8平方キロメートル、北海道では考えられない小さい町です。そういう町ですが法人化したNPOがもうすでに3つです。それから準備しているのが5つぐらい、都民もそういうふうにしてどんどん活動を拡げていると思います。

それは20世紀に何かいっぱい大事なものを失ったと気がついた人たちが、多分我々の世代を中心とした人達の反省の中からいろんな意味での経験を蓄えた人達が「自分こそ何かそこを埋めていかなくては」と、立ち上がってきたということだろうと思います。

それがかなり埋めてくれる一つの仕組みだと思います。

それから北海道の札幌では、いわゆるエコマネー、地域貨幣というんですか、自分達の持っている力を換算して、信頼関係の中で中央政府に頼らない流通関係を作って、自立していこうという仕組みが様々にでてきている。

だから、国の中央集権でしっかりしてると思われてきた終身雇用制度社会が崩れようとしている一方で、再生しようという力がすでにあるということ。そういう町をいかに描いていくかがおそらく究極の「豊かさを実感できるまちづくり」なんではないかなというふうに私は思っております。

2　まちの形は誰がきめる？

議会しか見ていない自治体職員

主権者は国民に決まっているんです。

皆さんは採用された時には宣誓をなさいましたよね。その宣誓書には「国民が主権者であるとした日本国憲法を擁護し、地方自治の本旨に基づき…………」と書いてあったはずです。

市の職員にどれぐらいそれを覚えているかと聞くと「もう随分前になるから」と、誰も覚えてないんですね。「地方自治の本旨に基づき」とかいうのは知識として分かっているのですが、本当に主権者が市民であると身に染みて分かっているのだろうかなと疑ってしまう場面が実はたくさんあります。

私は国立で一期だけ議員をやったことがあります。その他は市民運動をずっとやってきました。私がなぜ議員を一期で辞めたかというと、28人の議員の中でたった9人しか野党といわれる人たちがいないものですから、職員も首長も何を言っても何を提案しても、耳を絶対に貸さないんです。私は単なる反対だけじゃない提案する議員でしたので、自分で全部調査をしまして、そのデータごとに必ず替案を出すというやり方をしていたのです。

地域の水質調査を10年以上やってましたから、それを専門に論文を書いて発表したり、きちんと社会的な裏付けも取りながらやってたのです。しかし、「あいつはどうせ与党じゃないから」ということで無視するんですね。

私はある企画部のトップリーダーの職員と話をした時に、「こちらがいい提案をしているのに、なぜちゃんと聞かないのか」と言ったら、

「それは仕様がないよ。議会というのは多数決の世界だから多数決になった時は与党の言うことしか聞かないのは仕様がない。市民が選んだんだからそれは市民の総意だと思われても仕様がない」と言うのです。

私はびっくりしてしまったんです。

ほとんどの市民は細かい政策をチェックしているわけはない。つまり、個別意見についてすべてを議員に付託しているわけではないんです。

それでも議会が、最終的な決定機関であることはもちろん間違いないわけですから、それはその結果論として判断されるのはやむを得ないにしても、皆さん常に議会しか見てないという状況はないですか。

主権者は市民か議員か

うちみたいに毎月議会があり毎回否決されていると、どんなに頑張ってても、最後には職員が顎を出してしまいます。その結果、むしろ最初から「市長悪いけど調整してください」という要望が出てくる。

「いや、絶対におかしいよ」と言っても、

「調整しない市長が悪い、否決される市長が悪い」と、どんなに相手が悪くても職員がそう思ってしまうんです。

確かに議会で否決されると何もできません。おそらく保守がずっと長い間圧倒的に支配してきた議会では、少し予算を配ってあげればことは済んだのかもしれません。議会というのは理屈じゃないわけですから。議員にとっては、自分でどのぐらい支持者に返せるかの問題ですから。しかし、首長が変わった時にそこがはっきり見えてしまうんです。私に変わったわけですから議員さんのその辺がみんな見えるんです。

「これをやっといてくれ」といっても私は絶対に受けませんし、飲ませ食わせもやりません。すごく要求されるんですが、まったくしない。だから食料費はゼロで、交際費が3分の1ぐらいに減っております。だから公開しても何もでてこない。

そういう「飲ませ食わせをしないから悪い」「ご馳走しろ」って職員からも言われます。私はそういうお付き合いはしないいんですが、私に変わったから、ウラで平然とやっていることがオモテに出てしまうんですね。

結果として議会が非常に混乱するんです。混乱するのですが、混乱したのが悪いのかというと、そうではないんです。それは物凄い抵抗がありその土壇場の必死の動きがそういう形になって出ているわけです。市民はその状況をじっと見ています。だから主権者にとってはやっと見えるようになったということで、非常に面白くなってきたんです。

皆さんは、「主権者は市民に決まっている。それはわかりきったこと」と思っていらっしゃるでしょうが、実は分かってなかったんじゃないか、「議員が主権者だと思ってませんでしたか」といいたいのです。私が今こういう修羅場の中で実感していることなんです。

議員と職員のすごい抵抗の中で「うまくやらないからいけないんだ、うまくやれないのは首長のせいだ」と言ってこられることがずいぶんあります。

私は、「最後は否決されてもいい」。いざとなれば最終的には「解散」と腹をくくるんですが、職員が「お願いだからなんとか丸く収めてくれ」というものですから、いつも「仕様がないね」と、最後は二回三回否決されるわけにはいかないので、何となく私が泣いてしまうんです。

そういう状況がたくさんあるわけですが、地方行政は「地方自治の本旨」に基づいて「住民の意思」に基づいて決定・運営していくのであり、そのための条件を整えるのが行政の役割なんです。

行政は議会ではなくできるだけ直接市民にその場を提供していって、できるだけ参加をしながら意思を聞いていって、プライオリティを決めていく場面をどう作るかがやはり今後の必要なことかなと思ってます。

元気な市民の動きに依存していくのではなく、まさにそういった市民の動きをパートナーとしてお互いに信頼関係をつなぐためにも、こちら側がしっかり議会と向かい合う状況をどう作るかが一番重要な問題だと考えます。

3　市民が財産　学園都市・国立

今日、皆さんが一番聞きたいであろう国立の状況、なぜ国立の中で「市民参加」が起こる可能性が出てきているのか。抵抗はとてもあるのですが、なぜ私がそれを作れると思ったかを少し具体的に話をします。

今、自治体は財政的にはどこもぎりぎりだと思います。うちの町は、有名人がたくさん住んでいる町なので一見とても金持ちのように見えます。銀行の支店長さんに伺いましても、一人当たりの預金高でいえば、日本でもトップクラスにはいっていてお金持ちが多い町です。

ところが財政規模はだいたい一般会計が230億円ぐらいでして、私が市長になった時の平成9年度決算が経常収支比率104・3で、全国下から6番目にまで転落しておりましたから、本当に悲惨な状況で私は引き受けなければいけなかったんですね。

しかも金持ちは多いけれども財政規模が非常に小さいし、面積も狭いものですから何も作ることができない。とにかく、バブル期以来物凄く土地が上がりまして、一坪300万円でしたから1億円でも30坪のものしか買えないのです。私はもう40年近く経つ汚い団地に住んでいますが、3DKが6千万円です。築30年以上経っているのですよ。そんな目茶苦茶な町ですから、若い人がなかなか住み続けられないんです。

「一番住んでみたい町」でトップ3だそうですから、若い人は格好いいといって引っ越してくるのですが、子供が大きくなったら広いところに出て行っちゃうんですよ。そうすると、うんと若い人かうんと年寄りばかり、つまり稼げない人たちばっかりなんですね。

こんな財源状況の中で、意地悪はされるし、財政は厳しいしで、ろくなことがないけれども、私が首長をお引き受けしたのは、市民がすごいパワーを持っているからきっと大丈夫だというふうに思ったからです。

市民が「どういう意味で凄いか」。今テレビなどでおもしろおかしく言われている「マンション問題」がなぜ起こったかというのは少し国立の成り立ちを聞いて頂かないと分からないと思いますので、国立の成り立ちを簡単にビジュアルで見て頂くことにします。

1　国立市全景

国立とは

（スライド開始）

これは今の8平方キロしかない国立のほぼ全部です。（1）

これが国立駅で、真ん中に走ってますのが通称「大学通り」といいます。

駅の本当に近くに一橋大学があります。ここが一番大きな面積を占めておりまして、他をみて頂くと分かるように、ほとんど住宅地域ですから、緑が多い町でして、「緑豊かな町」というのが国立のマンションを売る時のキャッチフレーズなんです。

それはこの大学の緑と駅前にのびる並木路の素晴らしい緑が非常に印象的にありますが、実質緑地率は多摩でも下から2番目という悲惨な状況です。しかしマンション建てればすぐ売れるという状況で、もう売れまくってます。今いろいろ問題になってます

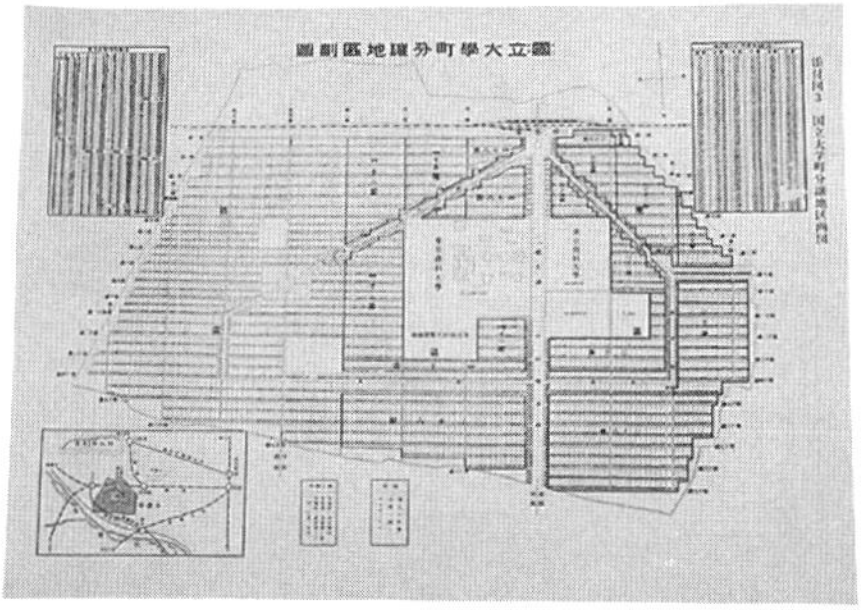

2　国立大学町分譲地区画図

マンションはこの辺りです。

国立という町は実は大変新しい町でして、大正末期に今の「西武グループ」を作った堤康次郎氏が理想的な学園都市をなんとしても作りたいという非常な野望を持ちまして、学園都市を三つ作ったんです。「大泉学園」と「小平学園」と「国立」です。そのうちの国立だけが成功した。

彼は自分の住居を国立に移してまでここに思い入れをしたんです。多分それは一橋大学の初代学長の案とも重なったというふうに聞いてますが、これは今ちょっと国立駅舎の保存に向けて研究をいろいろやって頂いて分かったのですが、非常に優れた都市計画をやってまして、堤氏が理想の学園都市・国立を作るためにヨーロッパに専務とか社員の数人を送り込みまして、いろいろ町作りについて研究をさせたらしい。

その研究成果の一ケースとして描いたようです。(2)

一つの基軸、「大学通り」という背骨を中心に放射状の道、あと

3　一橋大学「兼松講堂」全景

は碁盤の道ですが、この放射状の道を普通左右対称に美しく作るんですが、これは角度が微妙に違うんですね。どうも堤氏はいろんな町を開発して売ってますが、売りに出す時にはキャッチフレーズを作ったらしい。この町は景観を売り物にしていたということが最近になって分かってきました。

こちらの道が通称「富士見通」といいまして、ここの通りを真っ直ぐに行くと真ん中に富士山がちょうど見えるように角度が作ってあります。

これは「旭通」といって朝日が見えるといいますか、朝日は動きますからそうではなくて実はここをこう線がありますがこれは崖線なんですね。旭通はずっと崖線に平行に走っていて、緑がずっと見えるように道路が作ってあります。開発初期、国立の町を売り出す時の宣伝文句があるんですが、全体は「公園のような都市」、こちらに多摩川があって、多摩の山々が見えるんですが、そういう「大自然を借景した町」というふうに彼は売り出してい

4　一橋大学「兼松講堂」

5　大学通り・春

るんです。

景観がとにかく素晴らしい町なんだということで彼は売り出してます。だから国立は非常に気を使っていかに美しい町に見せるかを最初から意図して作りました。

先程ありました一橋大学を誘致して初めて学園都市の出発があったわけですが、このほかにも桐朋学園とか引っ越しましたが国立音大とか、いろんな学校がたくさんありまして、大学、専修学校等今5つほどありますので、小さい町のわりには学校が競って作られている町と言えます。

ここが一橋大学の兼松講堂といいます（3）（4）。兼松江商が寄付をして提供したのですが、このロマネス調が建物を全体的に支配していますので、国立の町全体が東大のゴチックに対抗するロマネスクという全体のイメージで作られています。

これが先程航空写真でみました大学通りで、この駅舎も実は堤

7　大学通り・夏

6　大学通り・夏

氏が作って市に寄付したものでして、それがそのままの形で７０年以上残っております。

これが春ですね（5）。夏になりますと全体に緑に包まれている（6）（7）。

これが秋、ちょうど桜の間に一本おきに銀杏の木が植えてあるんです（8）。ですから春は桜、夏は全部緑、秋になると真っ黄色になって、四季おりおりずっと楽しめるという大変季節感のあふれる、北海道でそれをいうとピンとこないかもしれませんが、東京でいったら本当に季節感あふれる、町中に季節があふれているという町になってます。

この大学通りですが、もともと堤氏が４４メートル幅の道路を造りました。札幌でいうと実感がないのですが、これは当時大正時代に１００万坪の雑木林を切り開いたんですが、車がほとんどない時代でしたので、４４メートル幅の道路というのは異常な大きさだったんです。

8　大学通り・秋

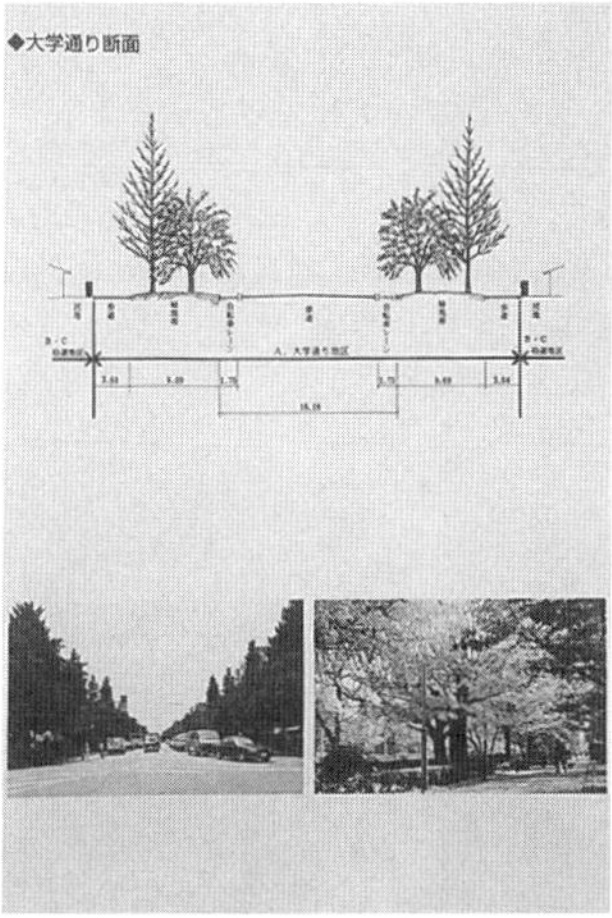

9　大学通り　断面

どうも堤という人は飛行機が好きでして、将来ここに飛行機を飛ばすとか、鉄道を敷く予定もあったようなんです。それで異常に幅広い道路になっているんですが、それはただ４４メートルにしておかなくて、この町の光景、景色をみんなで造っていこうということで、昭和９年の皇太子誕生を記念して町の住民が出払うぐらいの人数だったらしいですが、町民が力を合わせて桜の木をここに植えまして、それ以来大学通りの中の車道というのはわずか１８メートルに限定をして、両脇を９メートル９メートルが緑地帯、そして向こうに４メートル４メートルが歩道という形になってますので、ほとんどが人間のためにこの４４メートルを譲り渡したという形になっているものですから、駅を下りた時に緑が主役の通りとう印象を受けます（9）。

これが車道（10）、こちらが緑地帯ですね（11）。

このぐらい桜が大きくなってますね、７０年経っ

10　大学通りの車道

11　大学通りの緑地帯

てますから。この後ろが一橋大学です。

　これが秋の季節になりますとほとんど全部が黄色になります。これはなかなか東京では見られない景色で、北海道だと普通かもしれませんが、まずは国立駅に下りるとヨーロッパのような雰囲気だと言われております。

　これは大学通りの大半は一種住専地区になっておりまして、これはテラスハウスが３２戸あるんです(12)。このちょうど裏側に桐朋学園があったんですね。その跡地に普通の箱型のマンションが建てられる予定だったのですが、ちょうどこの西側に桐朋の付属小学校から高校までありまして、その桐朋の保護者と先生たちがちょうど桐朋の東側にマンション

12　木陰のテラスハウス

ができるということは非常に環境を損なうということで、周辺住民と反対運動を起こしまして、その結果話し合いのもとにこういったテラスハウスという形に切り換えました。これももう昭和30年代の半ば頃にできてますから、かなり古いのですが、なんとこれもバブルの時期に狭いんですが1億円では買えなかったと思います。

ここはほとんど綺麗なところなものですから、撮影、ロケーションとして使われることが多い通りになってます。

日本初の「環境権裁判」国立歩道橋事件

実はこの大学通りにたった一つ歩道橋がかかってまして(13)、法務担当の方だったらご存じかもしれません。これは30年前の昭和45年頃に、実は「歩道橋事件」という大変有名な住民訴訟がありました。日本で最初に起こった環境権裁判です。

13　住民運動のシンボル「歩道橋」

実は国立が環境権裁判を起こした最初なんです。この歩道橋を巡って当時美濃部都政の時でしたが、車が増えてきて歩行者の安全確保のためということで、むしろこれは保護者から、学校がこちら側にあってこちらの子供達が向こうに安全に渡れるようにということで、親たちの陳情からこの歩道橋を造るということの議会決定をしたのです。

その時に国立に住んでいるいろんな文化人が、山口瞳だとか湯川礼子さんだとかが、こぞって「国立の環境破壊だ」と、いわゆる今の「景観破壊」なんですね。大変な問題だというんで大きな論争が起きるんです。ついに、東京都知事を相手に裁判を起こしまして、高裁までいったんですが一応棄却ということになったのですが、これは「環境権」裁判の突破口となって、全国に歩道橋裁判というのがあちこちに起こるようになったのです。

そういった意味で今「誰も使っていない歩道橋」というので大変有名なんです。シンボルみたいになってます。普段は誰も通らない。国立らしいんです。「あれは死んでも通らない」といって居直っているんですね。

ただ桜を撮影するのに一番いい場所ですから、桜の咲く時期だけ鈴なりになります。国立の「景観」住民運動のシンボル的な歩道橋がこれです。

当時東京では、中央線沿線がずっと革新市政になりまして、国立も革新市政だったのです。その時に住民が戦った相手が革新市長だったのです。散々住民と喧嘩をして、歩道橋を造ってしまったのですが、その時に国立の住民たちが何て言って裁判を戦ったかというと、「文教都市は人間を大事にする町だ」です。「人間を大事にする町で地上を車に譲り渡して人に空中を歩かせようとするのはなにごとか。道路というのは本来人のためにあるべきであって、車のために開放すべきでない」という論をはり「人間回復」を標語にずっと戦うのです。

文教地区指定への戦い　昭和二七年

この国立は昭和二七年に文教地区指定を受けているのです。文教地区闘争を戦い、その当時、隣の立川には米軍基地があり、朝鮮動乱の時でしたので米軍兵のための歓楽街がどんどん国立まで進出して、いわゆる売春婦相手の旅館がみるみる増えてきた。それに対し「学園

14　市民祭・人間を回復する日

都市を守ろう」という住民と大学の研究者、学生が立ち上がり、それこそ「開発か環境保全か」ということで、流血寸前にいたるまでの戦いがありました。国会でも話題になったぐらいの凄まじい争いがあったらしいのです。

それを契機に最終的に1票差で国立は文教地区指定を受けることを決意します。それ以後、来年ちょうど50周年になりますが、文教都市として国立はずっとかなりの規制を受けながらやってきたのです。

「人間を回復する日」

歩道橋事件当時の市長さんが偉かったと思うのは、住民の主張を受け「じゃあ、「市民祭」を実行委員会でやって、この大学通りを一日市民のための開放の日、人間を回復する日にしよう」ということにしたのです。実は当時は片側歩行者天国だったのですが、

15　堤康次郎氏寄贈の「国立駅舎」

以来30年間道路を締め切って歩行者天国にして、「人間回復の一日」ということで市民祭はこの道路を使っております。これはその市民祭の様子なんです（14）。

これは堤康次郎氏が寄付して造った駅舎です（15）。国立駅舎は実はこんなに小さいのですが、市民がすごく大事にしております。10年ぐらい前に一度屋根をオレンジ色に塗り替えていたんですね。そうしたら駅の仕事もできないぐらいの抗議の電話がガンガン入ったんで、駅長さんは慌ててまたお金をかけて塗り替えた。というぐらい国立市民はここにこだわっていてうるさいんです。

今見て頂くと本当に駅舎が可愛らしい。スカイラインもすっきりしてまして、緑が圧倒的に素晴らしい。やはり邪魔する、疎外する要因が何もない。スカイラインも全部木で区切られているというところは国立の中でもとても素晴らしいところだったんです。

4　開発「禁断の地」にマンション建築計画

市財政悪化と建築指導要綱の緩和

ところがちょうど8年前にこの大学通りに一つのマンション計画が起こります。この大学通りは、銀杏がだいたい20メートル前後の高さなんですね。景観を守るために商店街も実はこの高さを越えないという「不文律」でビルの高さを街路樹に揃えてきたんです。しかしご覧になるようにもうほとんど銀杏の倍の高さのビルがどんどん建つようなきっかけになる大騒動が起こりました(16)。

16　増える高層ビル

これが実は、私が市長になるきっかけでした。街づくりにこだわってきたので国立は昔から、ヒューマンスケールのビルを一つ建てることを市民は大変怒りました。

怒りますよね、あんなに今までずっと頑張ってきたわけですから。歩道橋事件でも凄かったし、ビルが建つという話になるとうちの市民は物凄く怒るんですね。

市長のところにバッと駆け付けて、「絶対建てさせない」ということがずっとあったものですから、ある時期からポコッと開発の話がなくなりました。

バブルの時期に国立の土地が高すぎたということもあったのですが、よその町がどんどん駅前再開発でビルだらけのつまらない町になって、本当に全国どこへ行っても同じ町という顔のない町がどんどんできていっているのに、国立には開発業者が一切入らなかったんです。

特に国立というのはあまりに住民がうるさいので、それにかかわってたら大変だし、損をしますから、「禁断の地」だったらしいんです。

ところが大学通りに、建築主は地元の方だったのですが、12階建てを建てるという計画がどうもあるらしいとい噂が伝わった。私のちょうど議員最後の年でした。住民は大変怒りまして、そこからもいろんな署名活動が始まったのですが、前の市長さんの時ですから、圧倒的に保守の議会の中で、住民の活動はほとんどが無視されてきたんです。

実は住民はその時までずっと街路樹を越える高層ビルは建たないと信じていたんです。「建たないでしょまさか」、「建てさせないでしょう」、「そんなことしないでしょう」、本当にそう思ってました。

ところがハッと気がついたら、実は、国立市の行政は経常収支比率が毎年100を越えてましたから、もう行き詰まっていたのです。学校だけの企業がない町ですから。

これ以上貧乏できない。これまでの市長としてはもう政治生命がかかっていたのです。手っ取り早い方法としては人口を増やすしかなかったんです。国立はいいマンションを建てれば高額所得者が入ってきますから、途端に住民税も入るわけです。気がついたらマンション・ラッシュになっちゃったんですね。

だから開発指導要綱も用途地域も緩和しまして、結局、厳しくマンション業者が恐れてた一番駅に近い「禁断の地」といわれたところで12階計画が出た。

住民は大騒ぎしているけれども、行政がなんか関係しているのではないかという噂はあっという間に広がりましたから、わずかの間に12ケ所、今まで6階が限度だったのが、13階、14階のビル計画が次々とたち始めたんです。住民は頑張って裁判を1か所1か所やるんですがついていけないですね。裁判は時間が掛かりますから、そうしますともうあきらめの方が先に立ってしまうんですすね。

でもいろんな手を尽くしました。もちろん陳情・請願もやりますし、景観条例制定のための直接請求をして法定数の11倍の署名を集めて提出したんですが、議会で否決。

そういう状況の中で「景観権裁判」をやろうということで、ゴミ問題で頑張っている梶山昭三弁護士、彼は友人だったものですから、「難しいけどおもしろそうだからやろうか」というんで仲間をずっと引き連れて弁護団を引き受けてくれたものですから、景観権裁判という大変難しい裁判を敢えて起こしたんです。

裁判の中で「行政の不作為が住民の意志を無視してこの町を破壊しようとしている」というふうに言ったんです。

私は原告団の幹事をやってましたから、500人の原告と会員も一緒に「厳正な住民の意志を無視して、歴史を無視した行政の在り方を裁判で問う」ということで、チャレンジをしていたのですが、もうどれぐらいになりますかね、やはり裁判は大変です。お金はほとんどかからないのですが、継続することはとても大変です。

首長を変える方が近道　選挙に勝つ

そのうち町もあきらかに、変化をし始めました。とても裁判を待ってられない。もう残るのは首長を変えるしかなかったんです。議会なんか絶対当てにならないわけですから、首長を変える方が絶対早いわけです。じゃあ首長を変えようということで、大胆にも私を出そうという話になった。誰も勝つとは思ってませんでした。マスコミもほとんど気にしてませんでした。でも勝てた。

女性市長が誕生すれば東京では初めてですから、トップ記事。なければチョボチョボの記事でいいだろうということでほとんど話題にもなりませんでした、見事に貧乏な選挙をやりました。お金が全然ないんです。政党選挙はやりたくなかったものですから政党の推薦はもらっても、お金とか道具も何も頂かないという徹底した住民自治による選挙から出発しようとした。

要するに住民自治の難しさは、風にのってくるけれども、継続しない。だから自治がなりたたないんですね。それを私たちは、いやというほど経験しました。「文教地区闘争」では国立には自治があったんです。だから町づくりに自信を持ってたんです。

だけどやはりバブルの時期に安心して自治を行政に預けて「議員がいるからいいよ」ということで、町に対する関心を持たなかったためにハッと気がついたら、町がまさかの状況になって壊されようとしている。

これは市民にとっては景観が壊れるという単純な話ではない。国立市民というのは異常なまでに「自分の国立」という民族意識が強くて、引越ししてしまっても「元国立市民」と言いたがるんですよ。それぐらいプライドを持ってます。それはやはり自治をやってきたプライドなんですね。それが「景観が壊されるイコール住民自治を破壊するもんだ」という激しい怒りになっているんです。

お金が何もない選挙でした。選挙の時に「せめてハンドマイクを借りてくれないか」といったら、借りるお金もなかったんですよ、信じられないでしょ。仲間が結局どこからか借りてきてくれました。

のぼり旗も一橋大の男の学生が、「僕が作ってみる」といってみんなで徹夜で作ってくれたんです。

実はみんなから、「そんな選挙はあるわけない、選挙じゃない」と言われたんです。でも本当にそんな選挙でした。

私はずっと勝つと思ってました。うぬぼれじゃなくて、市民の怒りをひしひしと感じてましたから。もうとっても任せておけないという感じをひしひしと感じていました。女だからと不満が聞こえてくるんですが、でも女の方がネットワークをもっているものですから、「わけの分からない偉そうな男がやるよりいいよ」という、相手が見えてますから主婦関係で。「あなたがやったらいいんじゃないの」というふうな、要するに主婦の地域に根ざしたネットワークでこの国立の異常な市長選に勝てたということです。

そういうふうな形で私が首長になったものですから、議会は修羅場です。だけど市民がすごく期待をしてますから私が頑張ってやるよりも市民の熱い希望と鋭い後ろからの支援・監視に支えられながらやってます。

ですから議会がある度に、100ぐらいの傍聴席があるのですが、200人ぐらいきてくれます。一回は「否決」されそうということで、理事者の三役は見送りになり、このまま当分行くのかなと思ったんですが、そこに例の「マンション問題」が起こったものですから、傍聴席があふれロビーがいっぱいになった。そこに「三役」をポンと出して、傍聴者に圧倒されて認められたというようなことだったのです。

「14階マンション建設」を行政は止められない

私が市長になってすぐに、例の「明和地所」という会社の「マンション問題」が起こりました。私がどういう経緯で市長になったかを向こうも知っているわけです。建設計画の場所は本当に大学通りのすごく広い、いい場所でした。しかも周辺には福祉と学校施設しかないんです。緑地帯の素晴らしいロケーション、テラスハウスのすぐ横、しかも例の象徴的な歩道橋が見えるんですから、あんなところに作ったら市民が怒るに決まっているんです。

北側が桐朋学園、南側が東京都で二つしかない障害者スポーツセンター、その向いが都立高校、後ろはうちの福祉会館というようなゾーンですから、そこに14階建ての、340戸のマンションを造るという計画を出せば、どんなに住民がまた怒るかと分かってたはずなのに、まあ売れる場所ですから、金が儲かるというんで、挑戦してきたんですね。

おそらく「明和地所」としては、手続上、市は建築の許可権を持ってません。許可権者は東京都ですから、市を飛び越して申請すればそのまま「手続条例」があるかぎり30日もすれば許可が出ると分かっているわけですから、住民とのもめ事の少々は承知の上で建設計画をしたふしがあります。明和がちらちらと市の窓口にきているという時に私は職員から「どうも買いそうだ」という話を聞きましたから、他のマンション問題で一か所ちょっともめている場所があって、私は市民に呼ばれたものですからそこへいって訴えたんです。

「皆さん、このマンション問題も大事ですが、あそこの大学通りになんと14階で340戸のマンションができます。いいんですか皆さん。はっきり申し上げて行政は止められません」と言ったんです。

「地区計画手続」と「建築許可申請手続」

周辺に住民がほとんどいませんから、反対運動が起こらなければおそらくすぐに建ってしまうでしょう。

「皆さんが市民的運動を広げて戦ってくれなければ勝てません」というふうに言ったものですから、「それは大変だ」というんで、住民がパーッと動き始めた。

それでその話を聞いた桐朋学園の校長先生が私のところに来てくださって、「私も何としても認められない、桐朋学園のグランドの南側になり、どうしても日陰になりますので、校長としても認めがたい。私になにが出来るのでしょうか。言ってください」とおっしゃった。

あの桐朋学園ですから、「先生、ここはあらゆる政財界の人脈をとにかく集めてください、これしかありません」とお願いしたら、建築の専門家、法律の専門家の専門家集団をパーッと作ってくださったんです。

その方達が専門的な部分でかなり中心になって全体的な動きを作ってくださいました。

私の就任2回目の議会は9月議会だったのですが、その時に私は少数与党から始まってますから、「おそらく陳情出しても否決をされるだろう、三役も決まらないだろう、じゃあ市長が頑張れるように署名をあっというほど集めてあげよう」というんで、人口7万人のまちなのに5万人集めたんですよ。今までの陳情の署名は最高で1万ちょっとが限度だったんですが、こんなに集まったものですから、議会で陳情があっという間に通ちゃったんですね。

それから大変な大騒ぎになりまして、こんなに市民の署名が集めるのでは大変だというんで、ある会派と業者との連携が始まるんですね。その連携でなんとか切り崩そうというんで議会の場と住民との間でどんどん切り崩しをしようと思うのですが、そこはいわゆる専門家集団もいる市民の強さなんです。

業者を上回る専門家達がいるわけですから、その市民と行政で一緒になるとすごく強いんです。専門家集団がものすごい知恵を絞ってくれるんです。作戦もどんどん立ててくれるんです。そして私たちに「やれやれ」といってくるのですが、行政の方は今までと違うやり方に変えるというのはやはり非常に抵抗があります。

住民が地権者の同意を取ってくる

今までは業者に対し「いいよいいよ」とやって来たのが違う方向に向くわけですから、「それはちょっと…」と、かなり抵抗があるんで私が「やりましょう」といった。

「だって専門家がいいといってますからやりましょう」と、

「いやあ今まで違う指導をして来たからそういうわけにはいかないんですよ、ちょっと待ってください」。

必ず待ってくださいが入って、行政は後手後手になる。

私は住民から「行政は何をやっているの」と言われます。

私は両方から突き上げられるのです。

でもはっきり言って住民の方が怖いんですよ。5万人の署名を集める人達ですから、ぐるりと取り囲んで、「あなたの言動みてましょう」というふうにいわれるとやはり私は住民側に立たざるを得ない。法を越えていない話なら「やりましょう」ということで、結局いろんな紆余曲折の中で、地方分権の一つの証しとしてちょうど一年前に都市計画法の中の「高度制限を自治体の都市計画審議会で決められる」という一項目がありましたので、それまでは都の都市計画審議会の決定だったので時間がかかったが、それを使うということで、あの地域に地区計画を作ることにしたんです。

ただそこに公立の施設が多い、あとは個別の住宅が多い、完全に市街化した地域ですから、規制を付けた地区計画というのは地権者に同意を得られませんよね。

行政がやろうと考えてたのですが、おそらく同意が得られないうちに認可が出るだろうということで、なかなか難しいなと思っていた。

ところが、住民自ら活動をして、地区計画案と地権者の同意を8割とってきてくれたんです。そして行政に「やってください」と。そこで、市は直ちに地区計画の手続きを開始しました。

建築許可が出る

ところがちょうどお正月を挟んで建築業者「明和地所」も市を飛び越えて東京都に建築申請をしたんです。通常は1か月で建築許可は下りるんですが、巨大なマンションだということで手続きに2か月はかかるだろうと言われていたんです。それに間にお正月を挟んでましたから、絶対2か月はかかると踏んでいたのですが、何と1か月もしないうちに建築許可が下りちゃったんです。

私が「今地区計画の手続きに入っているから下ろしてくれるな」と都には要請に行ったのですが、おりたということでした。それも年明け早々の1月5日だったんです。早速抗議に行ったところ、建築事務所の所長がこう言いました。「皆さん住民の反対もすごいですが、他の圧力もものすごいものですから、許可をおろさざるを得なかった」と。

やはりそういうもんなんですよ。「法律通りにやってます」といってても、東京都を含めた議会の圧力で動いたわけです。だからやはり議会は恐いんですよ。しかも今まで政権を握ってた側の。だから「分かりました」と私は言いました。そういう状況の中で実は地区計画の手続きに入ったけれども、むこうは許可がおりたその1月5日の日にシャベルカーを入れて着工しちゃったんです。

私たちの地区計画手続きもほぼ終わりにきてましたから、地区計画を議会で条例化しないと、建築基準法とリンクして規制がかけられないものですから、臨時議会をただちに開いて、条例化しようという動きをしたんですが、まずは市の都市計画審議会で承認が必要で都計審開催を決めたのですが出席メンバーが昔の市長が決めていたメンバーでして、出席しないんですよね、本当に。

「この日にやりたいんだ」というと、「いいですよ」とみんなにOKをもらうんですよ。1時間ぐらい経つと全部断ってくるんですよ、「予定が入りました」と。3回、4回ぐらいやりましたが「すみません、今予定が入りました」と。

私は目の前で手帳を開いてもらってここ空いてますね、ここに入れてくださいと約束するのですが駄目なんです。すごいですよ。これ消防署長とか商工会の会長も入っているんですが本当に見事でした。ようやく過半数を越える委員の出席を確保し、200人の傍聴の中可決されました。

ところが続く市の臨時議会も開かせない。議長がその当時自民党でしたから、最初から開かせない。臨時議会は絶対認めない。

これからずっと争い、1月中にどうしても開きたかったんですが、向こうは開かせないための強行策をすごくやりましたね。今それが裁判になってますから、いずれ表に出ます。

「俺が席に座らないからだめだ」からはじまってむこうはあらゆる策をやるんですけれども、結局1月31日に私が招集しました。招集権というのはありますが開催権はありません。議長が開かないといっているけど、議員は招集に対して出てきたんですよ、だから周知はしてたんですね。集まったけれども議場を開かないから始まらないです。それでついに午後五時ぎりぎり十分前、臨時議長、仮議長で議会を開催しました。

ですから開き直るかもしれないというふうに思いましたが、幸いぎりぎり過半数を越える議員が入場したのでやらせていただいて条例化が決まったんです。

裁判と請願

臨時議会の様子はテレビでずっと中継してました。保守系の自・公は全員欠席、残りが入って、条例が可決されました。

地区計画が条例化され、法的に生きることになりましたが、すでに工事は着工してましたから、今までの国・東京都の判断では、建てられるけれども、20メートル高度制限がつきましたから、20メートルに限定するという「基準不適格」になるんですが、住民はそれでは満足できないので、「差止め請求」で裁判を起こしました。

一審で負け二審でも負けています。結果的に高裁で棄却になったのですが、すごい裁判長で判決の理由の中で「地区計画が作られている2月1日の状況では、「建築中とは認められない」と裁判長は判断したのです。

ただ穴掘っただけで「建築中だ」という主張に対して、それを裁判長は覆して、建築中とは言えないから20メートル以上は違法であるというところを言ってくれました。今市民はそれをかたに本裁判に移ってます。

それでももちろん「明和地所」は私の方を訴えています。四億円の損害賠償請求。違法となっちゃったから20メートル以上を保障しろということですね。

それから出席しないで臨時議会を絶対開かせないと言った自民党が私と出席した議員に対して裁判を起こしてますから、もう常に裁判をやってます。

そういう状況になぜなったかというと、やはり市民の圧倒的な後押しがあったからです。市民にとっては「自分達の町を守るぞ」という自治の問題だったわけです。

皆さんさっき5万人の署名でびっくりされたでしょう。ところが地区計画を立てる時に地区計画の早期制定という別の「要望書」を出してきたんです、その時は1か月で7万人集まっているんです。

判決の出た後、知事が監督官庁ですから、知事が20メートル以上については違法だというふうに除去命令を出せるわけですから、知事に対して除去命令を出すようにという請願を今度は1 1万人集めました。

すごくて怖いでしょ。

逆な立場に立つと、こういう市民は怖いと思うんですよ。これやはり「市民総意」ですね。だからそういう市民が行政をつき動かすということだと思うんです。このことで私は多くのことを学びました。「市民」というのは一つの目標を持てば、ものすごいパワーを持っていて、市民の知恵はすごいんだということ。

それからもともと私は人が財産だとずっと言ってきたんです。

町は皆一応仕事を持っている人々で成り立っています。そういった意味で主婦もプロなわけですからそのプロの力を町づくりにどう生かしていただくかということが町にとっての「財産」になるわけで、「資源」だろうというふうに思ってました。今回の民主運動で見事にそれぞれの市民の専門家がそれぞれの知恵を出してチームワークを組んでやってくださったわけです。プロフェッショナルな戦いになったわけです。

私はこういった専門家の力を借りて町づくりをすることが真っ当だろうということで市民参加の動きでも普通お客様としておいでいただくのでないやり方をやりたいというふうに思ったわけです。

5　地域コミュニティの再生

支えあいの構造

日本にとっては旧来の農村型社会が崩壊し、都市型社会になることによりよかった部分もあります。しかし都市型社会になることによってコミュニティが崩壊してきたことによるいろんなツケが今社会的な問題として起こっていると思います。

都市型社会で人間が何をめざしてきたのか。

一つには経済的な向上というのもありますが、農村型社会の縛られたルールの中で生きる人間関係を脱して、個が確立していく、自由になっていくというのがいわゆる都市型社会が目指した一つの大きな目標だったのではないかなと思います。

しかし結果は、今になってみれば、地域の人間関係に煩わされないけれども逆に個の分断とか孤立化という問題を新たに生み出して、私たちが高齢社会に向かおうとする時に、お互い支え合えない状況を生み出してきた。

それでは税金をうんと高くして北欧型にできますか。日本人はおそらく無理だと思うんです。それでは日本型の福祉社会はどうやって作るのでしょうか。それはやはりコミュニティといいますか、「支えあい」だと思うんです。それが日本の中で長く培われてきた農村型社会のある「いい部分」の人間関係。それは強制された人間関係ではなく、個を確立しつつ個の自立性を認めつつ、その個の能力をそれぞれ持ち寄ってそれを撚り合わせて支えあう構造を作っていく。それがひいては「命の支え」になるということではないかなというふうに思います。

「縦の生活」は情報を伝えない

国立は都会の地方ですが、最近マンションも増えてきましたから、都市構造的に縦の社会がどんどん作られてきているわけです。住まいの縦の構造というのは人間関係がほとんど成り立たないんですよ。

実は今、国立には三宅からの避難の方達が何と160人いらっしゃいます。もう一年になります。その点で改めて気がついたのは、都営住宅にいらっしゃる方の大半は低所得者の方ですよね。前の市政がそういう方々を入れないために「都民住宅」に格上げした住宅を作らせたんです。ひどいんですよね。、家賃が高いんです。不便なところにあるものですから人気がなくて、入居率が50％を切ってガラッと空いていた。そこが三宅の方達の救急施設としてあてられたものですから、まとまった形でお見えになった。

私たちは自治体として精一杯支えなければいけないということで、お金はないけれども気持ちだけはありますので、いろいろやっております。

やっていて本当に気がついたのですが三宅の方達は、今までは「平面」で暮らしていたわけです。だから、ちょっと家を出れば誰彼と会っておしゃべりをしてという暮らしをしていた人達が、12階建てのマンションに入ったら同じ階に住んでいても全然お互いに情報が伝わらないというのが分かったんです。だからどんどん孤独になっていきます。情報が伝わらないから見知らぬ土地ですし身動きができないですし、不安も募る。

一つの目標に集まる人たちでコミュニティを作る

これをなんとかしなくてはいけないということで、市も工夫しましたが、まずは周辺のもともと住んでいるそこの団地自治会の方達が、「助けなきゃ」というんで動き始めた。

皆の顔合わせをするためにいろんな会をやったり、体を動かした方がいいだろうから「草取りを一緒にやりましょう」とかいう動きをどんどん作ってくださった。

「縦の生活というのは情報が伝わらない」ということが分かった。

と同時に実は、三宅の皆さんを助けようという一つの目的になった途端に、周辺の住民に輪ができはじめてコミュニティができちゃったんです。

これは三宅の人達に本当に感謝しなくてはいけないと思うんですが、こういうことがあって皆頑張ろうという意識があるならば、昔みたいに何かを共同作業をしなくてはいけないというのではなくて、一つの目標を作ってそこに集まる人達でコミュニティを作って人間関係をどんどん広げていく。

「男たちよ。地域に戻れ」

北海道ですと、自分の住んでいるところと勤務地が近いんだと思うんですが、東京はほとんど1時間、遠い人は2時間と勤務地が離れているものですから、いわゆる夜間にしか帰ってこない男の人が多いわけです。昼間は女性だけですから、地域はやはり女性が強いんです。一方、夜間市民という男の方達というのは、元気のいい時はいいのですが、リタイアした後は大変なんですよ、扱うのが。地域に居所がないものですから。

自治体の職員の方は違うんです。これは別にゴマを擦っているのではなくて、職員としていろいろ大変な思いをしてらっしゃるから、地域に戻った時はいろんな自治会の役を引き受けたりとか、結構日常やってらっしゃるのでいいのです。

国立は結構社会的に偉そうな方が多いんです。文化人、研究者、会社の社長さんとか役員も多く、夜しか帰ってこない。地域にお友達がいないわけです。外では偉そうでも地域に帰ってくると孤独な人になってしまうわけです。

そういう人が閉じこもって気がついたら介護老人になってしまうんですね。それでは市の負担があまりにも大きいですから、なんとかその人達を外に連れ出す。元気なうちにうんと関わってもらえば、皆さんノウハウを持った人達ですからすごいです。

私はずっと昔から「男たちよ地域に戻れ」ということを言ってきたのです。男が地域に向かわなくては社会は変わらない。これは環境問題でやってたんですが、だから「男達をどう地域に戻すか」というのが市民参加の、一つの知恵の絞りどころと思ってたわけです。

6　専門者と市民と行政のパートナーシップによる「都市計画マスタープラン」

A　専門家としての市民がまちづくりに参加する方法

「境界なき市民」を募集

国立は、その「マンション問題」も含めて市民参加の可能性が高い地域というのは分かってました。

17 「境界なき市民」を募集する市報

そこで、国立の都市計画マスタープランというのを市民参加でどうしてもやりたかったのです。

それでこの国立の最大の資源である「人材」、プロの人達の知恵というものを精一杯使った都市計画にしたいということで、ちょっと名簿を見てみたら、そういう都市計画のプランナー関係の仕事をしている方達が少なくとも１００人はいるということが分かった。それで募集をして、実は「専門者と市民と行政のパートナーシップによる「都市計画マスタープラン」」ということを今やってます。

（スライド）

これが１１年１１月にサポートスタッフを募集しますということで、幅広い分野の専門家をかなり幅広く公募をしました（17）。これは在勤在住の人だけではなく「境界なき市民」ということで「国立の町づくりに関心ある方はどなたでも結構です、それからインターネットを通じても結構ですからぜひご参加ください」

ということを市報に出しましたところ、127人の登録がありました。

おそらく自治体がお願いするとしたら高額を払わなければいけない大学の先生とか都市計画コンサル業をやっている人達が、すべてボランティアで参加くださっています。

「サポート会議」

いわゆる「サポート会議」と称して1年以上になりますが、、専門家集団としても個々に関わってもらってます（18）。

「サポート会議」の中に分野ごとに独立の主体的な専門家集団がありまして、ここの中でだいたい徹底した市民参加をどうやろうかというベースづくりをしてもらって、その人達が市民案を作り上げていく中心者になっていきました。それを中心的に運営する事務局の人達も自ら選びだしてもらった。

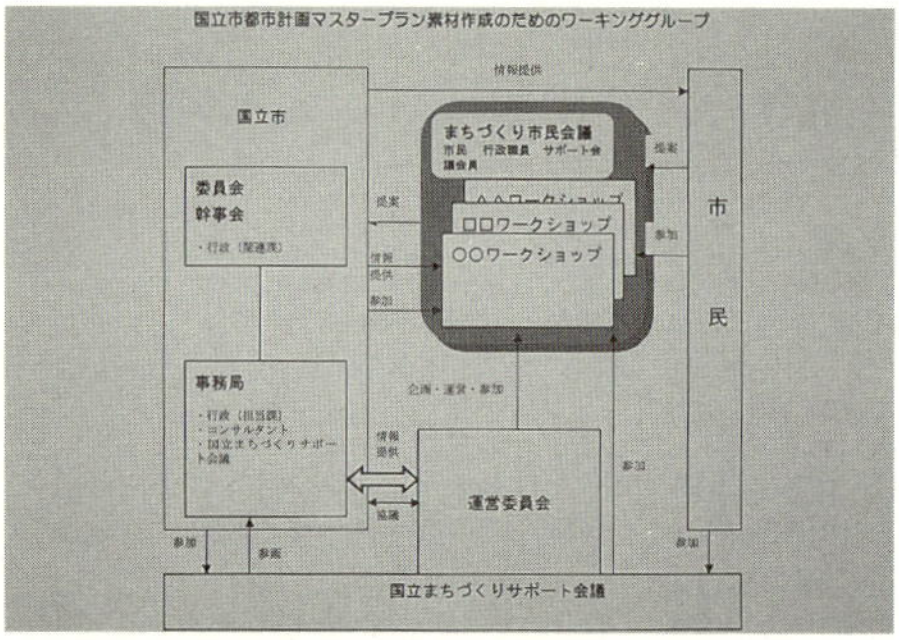

18　国立まちづくりサポート会議

行政とはあくまでパートナーであって、行政の委託を受けている関係ではない。それに専門家ですから、あまり行政に動かされるのは嫌だというわがままな人が多いものですから、「自立してやりましょう」ということで、自ら立ち上がって自らの市民案を作り上げるという関係にしていただきました。ここが中心になって「まちづくり市民会議」という形で4テーマ、4地域のチームに分かれてそれぞれのワークショップを行う時のサポート役を全部務める。行政はその事務局の一部を担うという形で連携をして日程をこなしております。

「サポート会議」の中には都市プランナーのプロもいるわけですから、そのワークショップにしても全部やっていただけるわけですから、行政が作るよりすごい資料などをどんどんまとめてくださいまして、職員にとって大変な勉強になっているわけです。

「国立版市民参加」

私が、なぜこういうことをやろうと思ったかというと、「資源」であるそういう人材を若いうちから町づくりに参加してもらって、リタイヤした時の町の宝物になってもらいたいからです。もう一つは、職員に今まで多分職員というのは自分達が全部担うことはない。ほとんどコンサル

19　サポート会議風景

「まる投げ」の計画が多かったでしょうが、本当にこういう時代だからこそ自ら町づくりに関わっていかなければなりません。その時いろんな専門家達の知恵を借りながら、自らも勉強しながらやっていくことがとても楽なんだということを学んでほしかったんです。

ですから「行政の若い職員たちに全部関わってくれないか」ということを言ったのですが、この時は市長になって間もない頃でしたからすごい抵抗がありました。最初は庁内で全部案を作る予定だったのですね。それをガラッと変えてしまったものですから、ものすごい抵抗がありまして、まあいやいやながら数人はきますが、なかなか参加をしてくれないんですね。

だからこんなに市民が頑張って毎月毎月会議を開いて、町歩きだワークショップだと大変なエネルギーで全部資料づくりもやるわけですから「市民が頑張るのに行政がなぜ頑張らなのか」という不満が市民側にはずっとあるわけです。まあここを払拭するの

20　まちづくり市民会議　まち歩き

には時間がかかるかなというふうに思ってます（19）（20）。

　この市民会議で作った案を一応「市民案」として中間発表をやって、この前5月には一応完成ということで発表会をやったのです。これを市民にもう一回戻して全体をもう一回みてもらう中で再度意見をもらって最終案を汲み上げて、それから正式な策定委員会にその審議案を素材として提供する予定のフローがずっと出来上がってたんです。

　ところが、これが「国立版市民参加」ということで大変評判になって、学会でも結構報告があるものですから、議会がどうしてもこれを認めたくない。今後市民提案を受けた後、素案作りを策定委員会をたち上げ策定していくのですが策定委員会は条例による設置ですので、二回提案しましたけれども二回とも否決をされてしまいました。

　だから策定委員会が作れないのです。その言い分も「偏った上原の支持者だけで集まっている」という、こんな支持者がいたら私は次ぎの選挙は楽々なんですが、そう思い込んでいるらしいんですね。思い込ませておこうとか思っております。

それとか今まで議会は行政の職員をすごく馬鹿にしてたんですが、「こんなに優秀な職員がいるのだから職員で作れ」と言いはじめました。最近は「職員は優秀だ優秀だ」といってすごいんですよ。変わるもんですね、だから今国立の職員は「優秀だ優秀だ」と言われて本当に困ってます。

法律上、都市マスを作らないわけにはいきませんから、条例設置の策定委員会は作れなくなっていますが、「サポート会議」の皆さん達は議会の様子見て、それは私のせいでできないんじゃなくて議会が悪いと分かってますから、なんとかそういうところまで作り上げて、終わったらNPOを立ち上げて、「町づくりNPO」でも作ろうかなというふうな話になっているようです。

私はもう最初にサポート会議の皆さんには「一過性の町づくりで終わらないでください、これに関わった以上は計画が完成するまで、20年後なんですが、ずっと責任を持ってチェックをしてくださいね」と言っております。

そして、私はもう一つの効果をねらっていました。それは専門家として外で力を発揮した人が地域の中で友達を作り合ってコミュニティを作ってもらいたいということです。このまったく見知らぬ関係の人達、それぞれ専門家ですから、一同に会すると意見が合わないんですよ、やはりいろんな立場の人がいるんで、仕事ではなく、地域住民としてまとめていくということがどんなに大変か、皆さん苦労をしたし、身にしみて分かったんです。しかし議論を重ねるうちに、皆さんが酒を飲める相手になったんですね。

桜の咲く時期は国立はものすごい人が出まして、緑地帯で夜酒飲みが始まるんですが、東大の有名な先生もサポート会議のリーダーで抱えていますが、地域で、その先生が「酒飲みにいこう、酒飲みにいこう」というようになったんで、これは本当にその先生のためにもよかったし地域の人にとってもよかった。本当に思わぬ効果が上がってきました。

「やっ」というあいさつで安心して酒が飲める友達が地域にできるようになったものですから、もうこの方達は自分達の町だと実感を持って今後町を見てくださるでしょうし、実感を持って今度は自分の仕事にその力を反映してくださるだろうと思ってますから、私は二重三重にこの試みが効果があったというふうに思ってます。

これはいわゆる専門家としての市民が町づくりに参加しようとした一つの方法です。

B　ワーキンググループから市民がまちづくりに参加する方法

もう一つが有名な鷹巣町でやりましたワーキンググループという手法です。これも私の町でもちょっと試してみました。

短い期間だったのですが、ちょうど地域保健福祉計画を作り替えなければいけない時期だったのです。今までのやり方ですと、コンサルにポンと頼んで数字の書き換えだけ。そういう方法をずっとやっていたものですから、もう作り替えなければいけないのに職員は全然準備をしなかったんです。

ハッと気がついたら切替えの時期なんで、私は今までのやり方はやっていただきたくないから、策定委員会を作ってもどうせコンサルに任せてしまうだろうし、つまらないから、ワーキンググループをつくってやることにしました。きてくださる方を全員ワーキンググループに入れてしまって、課題別にやりましょうということで、４つの課題のワーキンググループを作りました。

これはワーキンググループのみなさんが発表をしているところです(21)。わずか4か月ぐらいしか時間がなかったものですから、だいたい週2回ぐらいずつ皆さん、全部ボランティアですが、夜ですとか集まってくださって、大変な作業をやってくださったんです。

実現できる計画づくりを

これまでの地域保健福祉計画の評価を始めて、それから新しい計画についての優先順位を決めていくという整理をしてもらったのです。それをお願いした時に、今まで計画はあくまで計画を作るのが目標であって、執行するのは目的ではないみたいなところがあったんですね。

国や都からどんどん計画作れといわれるから、計画作るのが仕事みたいになってて、こんなのできる訳ないという絵を描くだけ描いちゃって、あとは知らないというのがずっときてましたから、そんな計画を立てるのは無駄ですから「「できる計画」だけを立ててくれ」ということをまずお願いしました。

それから五年計画ですから5年間でこれだけの財源で可能な案だけを作ってくれと、それから皆でやはり「福祉」とは「助け合いの仕組み」だから行政だけがやるのではない。「行政がやる仕事」、「市民がやる仕事」、「民間がやる仕事」と分けて書いてほしいというふうにお願いをした。そのときから、ワーキンググループの人達の意識がどんどん変わっていった。

21　ワーキンググループの発表風景

心か一番バリアフリーなまち

ご覧いただきますと（21）、車椅子の方が三人いらっしゃいます。「障害者部会」にはいっていらしたのですが、国立市は東京都の障害者スポーツセンターがある町です。実はこの東京都の障害者スポーツセンターというのは、パラリンピックの選手もかなり輩出されるところですが、都内に二つしかないんです。

なぜ国立かというと、もう30年以上前に国立の障害児を持つ親達が立ち上がって「地域にともに生きる」というテーマで、ものすごい運動を展開しました。ちょうど美濃部都政の時に知事に訴えて国立の一番の一等地、これは国立音大附属高校があったところですが、そこに国立の障害者向けの施設を作ってほしいという陳情をして、それが実ってスポーツセンターができたわけです。

そういう運動が歴史的にずっとあるものですから、美濃部都政の時には障害者制度がかなり進んだ地域ということになりまして、人口比でいいますと多分日本で一番重度の障害者が住んでいる町なんです。重度の障害者が自立して暮らす町なんです。ですからその人達が町に出てきますのでどんどんバリアフリーにしなければいけませんし、住宅改善もしなければいけません。

通常外国人だとか障害者の方、車椅子の方がアパートを借りるとほとんど断られるのですが、国立は車椅子を認めていただける不動産屋がかなり多くなってます。ですから自立したい障害者の方はどんどん国立目指せということで、町中に車椅子の方があふれていますから、かなり住民との付き合いも深くなりまして、彼らがいうには「制度もまああだけれども心が一番バリアフリーの町だ」というふうに大変評価をしてくれてます。

私も車椅子の友人が大変多いものですから、私は私で言いたい放題言いますので「あんた達自分達の集会にばかり出ないで、こういうところに出なさいよ」ということで、彼らは町づくりもしっかり関わるということで、すごくやってくれてますし、こういう時も主体的に当事者として政策を立てていくということで頑張ってくれてます。

今や彼らはプロです。いろんな知識を持った、こちらの人は障害者自身でNPOを作っている人達もいますから、そういった人達も含めてボランティアの人達も含めて、何も知らない人ではなくてむしろ福祉を支えてきた人達が集まってワーキンググループを構成しました。

その中の二つが、自分達の計画を自らやるということで、ずっと今でも続けています。

C　市民がプロになってまちづくりに参加する方法

桜ドック事業

プロとして市民が町を作るというもう一つのパターンですが、プロとしてというよりも「プロになって」という方法です。

これは大学通りの桜です(22)。桜の時期は、人口をはるかに越える桜の見物者がきて大変なん

22　満開の桜並木、樹齢70年ぐらい

ですが、特に今年はあまりにも国立のマンション問題で有名になって、テレビで出る度に何てこう綺麗な町だろうということで、大変ありがたいことに、今年はもう歩けないほどお客様に来ていただきました。

この桜の木は、昭和9年に植えた桜ですから樹齢がもう70年ぐらいになります。もう古木ですし排気ガスで痛みが激しくて、そろそろ更新の時期に来ています。しかし、国立の市民はこれを切ってしまったらきっと大騒動になると思うんです。

しかし、「切るな」といわれても困るんです、ですからちゃんとした知識を持ってもらって、計画的にこれを植え替えていくことに関わってもらう「桜のお医者様」に皆さんなってくださいという「桜ドック事業」を展開しました。

専門家の方に来ていただいて、2年間指導していただいて、桜の「樹生回復」と「育成・更新」のための勉強をやってもらってます。その方達は「桜守」という認証を差し上げて、いま毎月毎月、丸一年経ったんですが、作業をやってもらってます。

人が踏み入ってしまって土がガチガチになってましたから、こういう看板（23）も自分達で全部作って、32本の弱った木にこれを付けて回りを囲って、そこを「樹生回復をしますので中に入らないでください」と。

こんな看板、市の職員だったら作れません。やはり市民の側で優しい看板になってます。普通

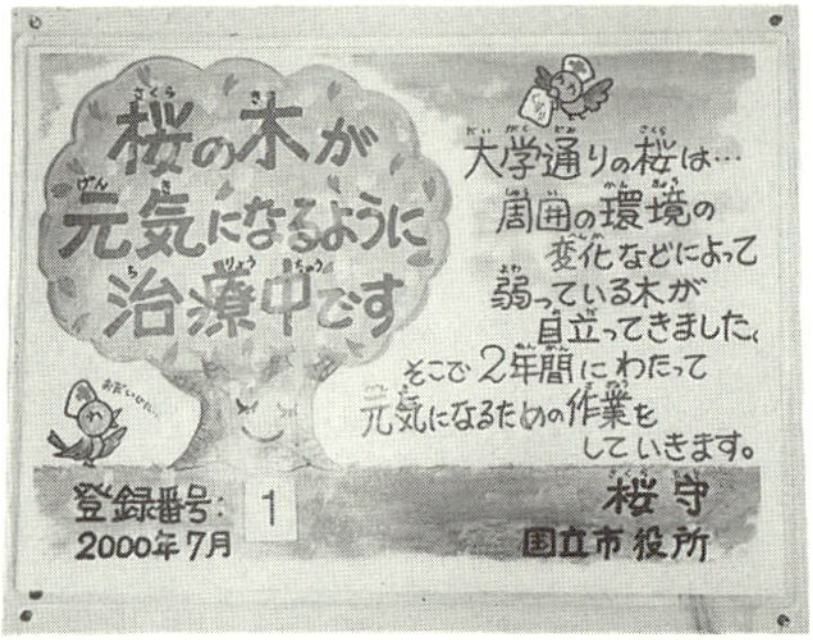

23 「桜ドック事業」を告げる手作り看板

24 ぼかし作業

25 子どもたちも参加

26　市民の作業風景

は市がやると「入らないでください」だけなんですけど、こういうふうな看板を作ってくれてます。

これは（24）上からとったところですが、これはぼかしという肥料を自分達で堆肥を作って、それをまくための作業をしているところです。これ皆市民です。今登録ボランティアは、最初90人ぐらいだったのですが、今はどんどん増えて170人います。専門家の方もここにかなりはいってます。

子供達も参加し大人も子供もということで作業をしています。これも子供達の、いい学習になるものですから時には学校ごとに参加してもらってます（25）（26）。

「そこへ入らないでください」というところには一応ロープを張ってたんですが、桜の季節になると皆きっと入るに違いないということで、ムラサキハナナ大根のはなですね、あの回りに桜の咲く時期に合わせて植えてあります。ですから今年はピンクの桜と紫の花のコントラストで本当に美しかったんです（27）。

27　桜とハナナのコントラスト

28　すきこみ

これが終わったあとは種をとりまして、そのあとムラサキハナナを細かく刻みまして、中に敷き込んでリサイクルということで肥料にし、その作業も終わりました。

「今治療中です」と新しい看板を付け替えて、(29)結局この前一緒に作業をしたんですが、ガチガチだった土がみんながこうやって毎回毎回作業をしてくださったおかげで、だいたいズブズブと６０センチぐらい棒が入るぐらい柔らかくなっています(28)。来年は全国桜大会というのがあるらしいのですが、それを国立でやっていただけるということで、皆さんいますごく頑張ってますが、こういった１７０人のボランティアが桜を自ら守り、国立のシンボルなものですから、そしてその専門家達によって次の世代に桜の木を交替させていく計画を守っていく。

この人達がおそらくいろんな木のお医者様になってくださると

29 「桜の治療中」を伝える看板

思います。こういうことを市でやると大変です。すべてボランティアで今やってもらってます。

この一つの波及効果なんですが、この大学通りの一角にマンション計画のために百歳のドングリの木がたった一本残っていたんですが切られてしまうことになった。

近所に住んでいた主婦が「あの木をなんとかしてくれ」と訴えてきました。

大きな百歳の木ですから、移植をするとかなりお金がかかる。「一本の木大事だけれども、それに何百万円そそぐほど国立は財政的に余裕がない。場所は提供するから皆でお金を集めてやったら」と私は言ったんです。

そしたら「よし分かった」ということで彼女が募金活動を始めまして、木のことや自然のことをすごく気にしていた人達がこれをきっかけにどんどん集まるようになりまして、初めてネットワークができました。

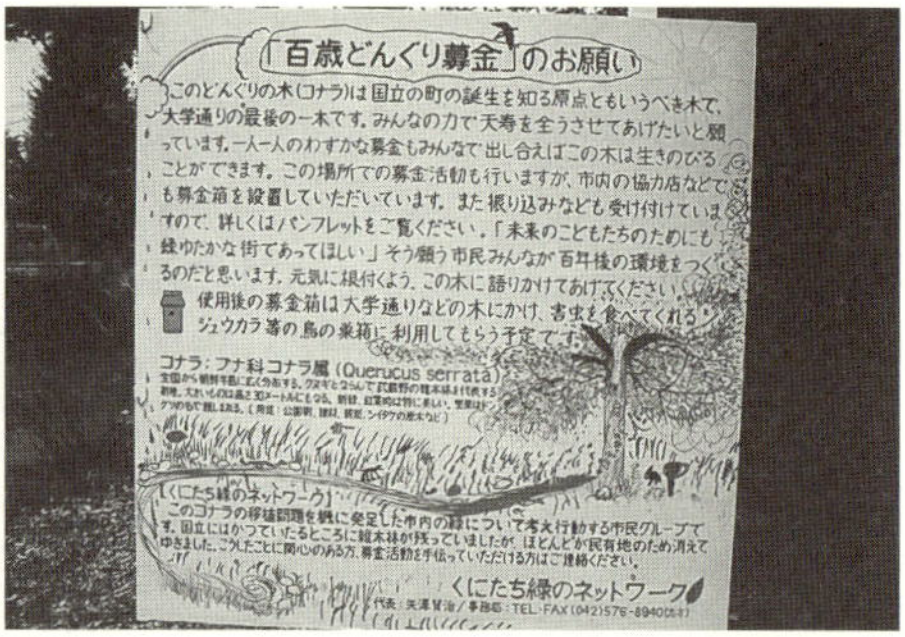

30　百歳どんぐり募金のお願い

31　百歳どんぐりの移植作業

代表はヨガの先生なんですが、市も協力して募金箱をおいているんですが、この人を中心に募金活動が始まった。そこに若手の植木職人が飛び込んできまして、「僕が専門家だから移植作業をやってあげる」ということで、専門家と市民の思いが一緒になってドングリの木を移そうということが展開しました(30)。

遠くに移せないということで市の方は木の目の前にある緑地帯の一部を提供したんですが、余計な枝を全部落として囲って今作業をしています。

この木を目の前の緑地帯に移すだけで三日間かかってしまった、すごく大変な作業で、このショベルカーから作業の人達が何人もいるのですが、全部職人の方が自分のところの機材を持ち込んでやってくださいました。

これはその作業ですね(31)(32)(33)。私も様子を見ていたのですが、残念ながらあまりにも急に根回しもしないで動かしたんで、大変な苦労があったにもかかわらずこの木は枯れてしまったのです。しかし、この三日間かけて移す時に、夜の10時ぐらいまで作業をしていたのですが、離れないんですよ住民がずっと取り囲んで。うちの子供達が気持ち悪がって、「何かにとりつかれたような集団がいる」なんて言ってましたが、見守りながら、本当に皆が見守りながらお金も集めながら移し替えたのですが、ついに駄目になりました。この木はこのまま捨てられませんから、別の公園にもっと短く切って子供の遊びの木として、そこをまたこの若手の職人が整地してくれまして、看板をかけて百歳のドングリの木は残念ながらこういう形になりましたが、子

32　百歳どんぐりの移植作業

33　百歳どんぐりの引っ越しを知らせる看板

供には伝えていこうということと、その横にわずかに芽吹いた芽をとって育てております。

D　農業支援のためのボランティア組織づくり　「農業市民塾」

これが専門家を作ろうというもう一つの新しい動きでして、国立の緑比率は多摩地域（東京都の区以外）で下から二番目という大変悲惨な状況ですが、多摩川周辺に辛うじて農地がまとまって残っております。

ところが農家の方達にとっては農業をやる後継者がなかなか育たない。中央高速のインターがあり、交通の便も非常にいいところで、とっても高く売れる場所なものですから、売れない農業を続けるより売ってしまった方がいいという傾向がずっとあります。そのため国立市も農業政策をあまり熱心にやらなかったために、ますますスプロール化が進み、区画整理をした場合農地はほとんどなくなっていくという状況でした。

私は基本的に、「この地球は「農」を中心として成り立った星だ」と思ってます。その視点からその地域の食物自給力をどう高めていくかを常に考えていきたいのですが、「三チャン農業」になっていて、実は後継者がいない。そういうところは市民が支える構造を作らなくては無理だろうということで、一番体が元気な人達にいかに参加していただいてコミュニティを支える実戦部隊になってもらうかということなんですね。

ただ国立の町の成り立ちが大正末期に都会からやってきたディベロッパーみたいな人が百万坪を二束三文で買いたたいてパッと切り開いてできた。もとは里山だったわけです。それなのにもともと本村であった地域には全然政治の恩恵が来なくて、後につくられたまち場ばかりに関心が寄せられた。そのため変なシコリが昔からありまして、「南北戦争」といわれていたんです。

それがいまだに続いてまして、いわゆる市街地の人間を農家の人達は絶対に受け入れてくれないんです。ですから私が市長になったものですから余計「あいつは絶対農業を認めてないぞ」と、逆な言われ方をしておりまして、なかなか認めていただけない。「私が支えます」と言っても本気にしてもらえないんです。

しかし、やはり今までの南北戦争を解くきっかけづくりをしたいということで、「農業支援のためのボランティア組織」を作っていきたいということで、「農業市民塾」というものを去年立ち上げました(34)(35)(36)。

本当はそこに専門家の農家の方達に、講師としてきていただいて、農地も借りるつもりでいたんですが、やはり全部つぶされてしまうんです。個人的には「いいよ」と言ってくださるんですが、次の時に「やはりどうもね、村八分になっちゃうから」と言ってなん件断られたことでしょうか。

結局究極困り果てまして、最終的には去年の講師は市民農園づくりも結構古くからあったもの

34

35

36

農業市民塾の実習風景

ですから、その人達もほとんどプロみたいになってましたから、その方達を実は講師に選んでずっと支えていただいたんですね。

今年はちょっと様子が変わりまして、農家の方達が私を結構呼んでくださるようになったものですから、今年はちょっと関わっていただけるようになったのです。

市民農園の人たちがこういう農業塾の講師になるのはあまり例がないそうで、東先生と言う市民農園の研究の第一人者が開校式に来てくださいまして、「ここは市民同士で教え合うことが面白い」といってくださったのです。

今年は倍の塾生がいまして、結構すごいんですよ。リタイヤした人ばかりだと思っていたら4か月の赤ちゃんを連れてきた夫婦とか、登録は一年間やりますから結構しんどいんですが、赤ちゃん連れで来るとか、年齢層の幅が大変広くて、ものすごく楽しいといってくれてます。

私も生産物を頂きましたが、指導がいいせいか立派なものができてます。本当にこれで「応援できるよな」といってますから、農家と市民との交流がこの人達を中心に始まるかというふうに思ってます。

以上、いままでは市民が専門家になるという形の市民参加をどう作るかということだったわけです。

E 「気楽に関れる」参加の仕組みづくり

次に、市民の中にはこむずかしいことは嫌という人もいますね。そういう人達も含めていろんな人達を活用できるような参加の仕組みを作らなければいけないわけですが、もっと気楽な関わり方はどういうふうにしてもらうかということがあるかと思います。

皆さんいろいろ工夫していらっしゃると思います。

私は「公園協力会」と「たまり場事業」を作ってます。

「たまり場事業」

「たまり場事業」というのはちょっと言葉がよくないと、収入役に何時も変な言葉といわれるのですが、私はもともとコミュニティというのは何を中心に開かれていくかというと、農村型社会でいえば「井戸端会議」です。

私は10年ほど水質調査をやってきたのですが、水質だけではなくて水にまつわる聞き取り調査もずっとやってきたことがあるんです。そうすると水というのは「水を制するものは国を制する」と言うぐらい本当に昔から町づくりの中心なんですね。

井戸を掘るのにはすごくお金がかかる。井戸をいくつ持っているかがその家の権威を表すみたいなところもありまして、一軒の家屋敷内に井戸が6本もあるとかね、そういう上下関係がどうもあるらしいです。

共同井戸というのは井戸のない人達が共同で使う井戸で、そこに人が集まって噂話、情報交換をしながらコミュニティができていく。井戸端会議というのはそういうものですよね。そういう溜まり場がなくなったんです。

もう一つは「縁側交流」というのは昔ありました。「ちょっと寄っていかない、お茶飲んでいかない」という、上がり込まなくても軽いお付き合いができるという縁側交流があったのです。ところが、マンションだと縁側交流できませんよ、トントンとたたいてドアを開けなくてはいけないわけですから、私なんか変な格好をしている時はすぐ居留守を使っちゃいますからそういう締切りの環境の中で交流もできない。

リタイヤして家に籠っている、本当は触れ合いたい人達が出て行く場所が「出会いの場」なんです。それをどういうふうに作るか、それを「たまり場事業」ということで、できたら地域ごとに身近なところに作りたい。

武蔵野市がテンミリオンハウスというのをやってますよね、あそこはお金持ちですから運営費1千万円かけて作れるのですが、うちは1千万円なんかとても出せませんから、今ある防災センターとか集会施設とか、そういう小さい施設がいっぱいありますから、そういうところを使って、ちょっとだけ手を入れてその運営は全部市民がボランティアでやってもらう。

寄付された普通のおうちを工夫して、私はできたらそういうのをやりたいと思ってます。一か所寄付して頂いた土地がありますから、いずれそこにプレハブでも建ててそういうふうにしようかなと思ってます。運営に関してはできたら地域の希望する方達にやってもらいたい。

先程のワーキンググループの方達が事業をやりたいということで今自分達の計画を立てていらっしゃいますから、それでやって頂こうかなと思ってます。

オープンスペースの活用

もう一つ、国立はほとんど公園をつくってないんです。

ここの都市計画のやはり欠陥は、公園という発想がないことです。「美しい庭園」とかいうのは昔からもありますが、「子供のための公園」というのがないです。

イギリスの産業革命の時に、オープンスペースという発想が出たのですが、それは「子供のための遊ぶ空間づくり」という発想だったそうです。

ですからヨーロッパは結構オープンスペースがたくさん配置されてまして、ゆとりがある空間があるんです。日本でも、堤康次郎が作った都市計画は専門家に言わせると今見ても実は素晴らしいと言われているんです。ヨーロッパの田園構想と、アメリカの都市計画を融合したような大変優れた都市計画と言われているんですが、公園という発想がない。子供の視点では全く町を作ってない。

国立は大変町にこだわって作ったことが高い評価になって売れる町になってますが、昔は空き地がたくさんあって公園も必要なかったのですが、ハッと気がついたら全くスペースがなくて、一番最初に開発された市街地は人口の大半がいるんですが、都市公園法でいえば基準の30分の1ぐらいしか公園がありません。もうとても買うお金どころか本当に、開発するような土地もないんです。

ですからこれ以上公園とかいうオープンスペースを生み出せないわけですから、今あるオープンスペースをいかにフル活用させるか、いわゆるオープンスペースですから、パブリックは「なんでもパブリックにしちゃえ」という考えを私は持ってまして、企業であれなんであれなんでもパブリックにしちゃうというので、道路も公園にしちゃおうかなと思ってます。

そういう発想のもとで「たまり場」というのは少しづつ最低のコストで最高の産物だと言ったら、遊ばせているのものは活用しなければいけないということで、そういうものを作って、しかも市民自ら自立した市民関係の中でやっていくというやり方をぜひぜひやっていきたいなというふうに思ってます。

公園協力会

最後のスライドです(37)(38)。公園協力会に参加してくださる方を募集しましたところ今17団体、17の公園を日常的に自分達でデザインをしてもいいですよといってますから、公園の管理をしてもらっているんです。

あるちょっと大きめの公園を管理している協力会がものすごく張り切ってくださって、たまたま親戚が植木業者だからといって、さつきを５００本寄付してくださいまして、それで全部を植えてくださったんですが、何かお祭りをやるといってそれに合わせて花を咲かせるように工夫しているとか、何か本当に皆さんが元気にやってくださいますので、市の職員はそのぶん手が空いていますから、他のことで頑張れるという状況になってます。

　この様な形でやったらもっと便利で違うコミュニティが出来ています。

37　公園協力会の活動風景

38　たまり場「福祉館」

　これもたまり場なんです。これは記念写真みたいになってますが、壁を使って皆さんの作品展をやったりとか、私が今移動市長室というのをやってますので、こういうところに私がフラッといって、皆さんとおしゃべりをしたりとか、そういう場所です。ここは福祉館なんです。ですから福祉館でいろんな講座をやったあとにここに、お茶とかおけるようになってますから、喫茶店みたいに使ってくださいということで、何でもありです。料理講習をしてここで食べても結構です、お弁当を持ってきても結構ですということでやってます。

7　まちづくりのステージづくり

自治体の職員は何をやるべきなのか

とりとめもなく今までお話をしてきましたが、最終のよい町づくりの主人公のステージづくりをするということなんですが、これはどういうことかといいますと、いわゆる地方分権時代、いよいよ地方主権の時代に突入したわけですが、自治体の職員が一体何をやるべきなのか、お金がない、人件費もどんどん削られ、国立市も私が始めたんじゃないのですが行革で600人いた職員が500人に減りました。

私は今こういう立場ですから、職員とのコミュニケーションが一番大事だと思ってます。職員が頑張れる自治体が市民にとっては一番幸せな自治体だと思ってますから、職員に頑張ってもらうために、元気づけたいということも含めて、始めての職員研修の時に、「私は皆さんにとっては宇宙人だと思います」という話をしたんです。

「私はずっと市民側で運動をやって行政と対応してきた。おそらく私の言いたいことは皆さんに伝わらないでしょう。住んでいる世界があまりにも違うからです。要するに行政マンは市民の言っていることが分からないんだと私は思ってました。皆さんは私のことを宇宙人かエイリアンが来たというふうに感じているでしょう。しかし、私がみなさんのボスになったわけですから、私は今後皆さんとは同邦人に見えるようにいろんな話し合いを続けます」ということをいっているんです。

石原知事は「自分は地球人でお前達は火星人だ」と言ったんです。私は謙虚ですから、私が宇宙人といったんですが。

その約束を果たすために月2回2時間づつ職員との懇談会の時間をとりました。合計4時間、部課長とは結構日常的にどんどん話をしてますので、課長職部長職を除く係長職、一般職だけ10人前後で市長室に来てもらってディスカッションをしてます。

もうこれを1年半ぐらいやってますが、びっくりしたのは、入ってくる職員がものすごく緊張しているんです。

「私だから緊張しなくていいじゃない」というんですが、

「いえ、こんなところ入ったことがありません。入所30年ですが市長室に入ったのは初めてです」と、

「市長と口をきいたのも初めてです」というんですね。

「そんなもんだったのか」と驚きました。

やはり私はこういう性格ですから、呼び付けというのが嫌なんです。とにかく自分で行ってそこで話をして、あれば資料もらってきて、私も資料を渡してみたいなことを時間があればやりたいものですから、すっと職場に行ってしまうんです。

ある日、市長になって半月も経たないうちに教育委員会にちょっと話があって行ったんです。次長がびっくりして、「こんなところに来ないでください」と言うんです。「どうしたんですか」といったら、「年に1回しか市長というのは来ないものなんです。来ると何かあったのかと思って皆びっくりしますから来ないでください」と言うのです。

教育委員会は一応別の組織ですが、最近はちょっといろいろあるものですから、1日1回は教

育委員会に行くんです。

困りもの　市民も要求型、職員も要求型

そういうことを含めて職員と懇談会をやりながら必ず出る話が、「正職員を増やして下さい」とか「人手が足りない」とかの要求型なんです。

市民も要求型、職員も要求型で、私は何時も要求されるんで大変困るんです。私も運動で要求してきた側ですが、かならず提案をしてきました。ですから職員にはかならず返すんです。「要求するんだったら提案持って来い」と。

だから要求最近しないんですね。

この前も組合交渉で「こういうのはおかしい、やるべきだ」とかいろいろ言ったから、「じゃあ、そう言った者からどうやったらいいか計画を立ててきて」といったら、勉強して徹夜をして作ってきた。

また、「皆さんが600人いたのが500人に減らされたけれども分権で仕事は増えて650人分です。650人の仕事を500人でやろうとするから、無理がきて、嫌になっちゃって、要求

型になっちゃうんだから、450人分まで仕事を落としなさいよ」ということを私は何時も言ってます。

その方法の一つが、いかに市民に仕事を渡していくかです。喧嘩しながら要求を突き付けられてしょうがなくやる仕事よりは、市民と生き生きとやれた方が気持ちがいいじゃありませんか。その方が絶対安いんです。それに効果がとても高いんですよ。先程のサポート会議のように、効果は一つじゃないんですね。

とっても先行き暗い地域をどうやって明るくするか。選挙の時に使うじゃないですか、「町づくりの主人公は市民だ」って。だけど今まで市民を主人公にしてなかったんですよ。何かに関わりたい市民がたくさんいるんですよ。力を持っている市民はすごく増えてます。

市民もただの要求型じゃなくて。自らプロとして責任持って関わる仕事はすごく増えてます。だからそのステージさえ用意してあげれば、市民と喜んで生き生きと頑張れるんです。

だから分権時代の職員の仕事は、限りなく市民を主人公として生き生きと活用できるステージづくりをいかにつくり出すか、そのステージづくりがうまくできる自治体が生き残れる自治体かなというふうに私は思っております。

シニアソーホー事業

もう一つ、この国立のように産業のない町というのは、とてつもないお金儲けはできませんし、これから先の土地が高いからとても採算に合わないから大きな企業は来ないんです。それなのに保守系の人達が「産業誘致、企業誘致」と言う。私は「今退職している人のお金をどう吐きだしてもらうかを考えればいいじゃないですか」と言っているのです。退職者は結構お金を持ってます。使わないで持ってます。

それは潜在的地域マネーが私はあると思ってます。その人達がお金を生み出して頂く力を持っているんです。だから地域で自分達で事業を起こし、それをまた働いて生き生きとして、地域で動けばやはり地域に絶対お金がおちるんです。皆でおしゃべりしながら楽しんで働きながら絶対地域にお金がおちるんです、いろいろ道具も買うし、細かいけれども。

私は今「シニアソーホー」ということを考えてます。空き店舗がどんどん増えてます。お店がなくなると市民生活は本当に困りますから、頑張って頂く交流の場として商店街が有利だと思ってますから、リタイヤした元気な人達が「シニアソーホー」で自分達で事業を起こそうじゃないかというところに手を貸したいと思ってます。

私は地域の運動を展開するかたわら一橋大学の聴講を8年やってきてますし、法政の大学院も3年やってきたんですが、そういう人脈を使うことも大切だと思っています。むしろそういう人達を使わないといけないんではないかと思っています。そうでなければ学問が生きた学問にならないんです。

大学の先生達は地域に貢献すべきだと私は思っているものですから、一橋大の先生とゼミの学生、二人三脚をやってもらって4人の先生方と、商店街と行政と一緒に一つの商業振興研究という小さな仕事なんですがはじめてます。

大きな団地を背景とし、消費者がものすごく多いのに、つぶれていく商店、これは考えられないことなんですよね、高齢化しているから。そういう商店街が成り立たないということは有り得ないんです。有り得ないのにつぶれていきます。

ですからこれをたち起こすために今モデルケースとして研究をして実際に実験してみています。これが成功すれば商店がふえるのでそこで、本当に力がある市民の皆さんたちにそこで事業をたち起こしてもらえば、元気が出る、お金は落ちる。

市民参加は決して行政が楽になるからいいのではない。行政の主人公である市民が地域のステージで元気でいること。別に貧乏でも構わないんですよ、市民が元気でいれば、それが本当の豊かさだと思いますね。

自ら町を作ることで充実できる町、これが本当に豊かな町だと思います。大人が元気になって初めて子供が町を愛するようになって、私は町づくりが本当に何時までも美しいだけではなくて、輝きを増す町になっていくことを固く信じて一生懸命やっているのです。そのことを議会だけがどうしても認めてくれないということで、次の選挙までおそらくこの攻防戦が続くと思いますが、職員の皆さんに苦労をかけながら頑張ってみようかなと思っております。

（本稿は、二〇〇一年六月二三日、北海道大学工学研究科・工学部「Ｂ２１大講義室」で開催された地方自治土曜講座での講義内容を加筆・訂正したものです。）

著者紹介

上原　公子（うえはら・ひろこ）
国立市長。
一九四九年生まれ。法政大学卒業。
東京・生活者ネット・ワーク代表、国立市議会議員を務め、一九九九年より現職。地区計画決定などで、大学通りの景観保全などに積極的に取り組む。

刊行のことば

「時代の転換期には学習熱が大いに高まる」といわれています。今から百年前、自由民権運動の時代、福島県の石陽館など全国各地にいわゆる学習結社がつくられ、国会開設運動へと向かう時代の大きな流れを形成しました。学習を通じて若者が既成のものの考え方やパラダイムを疑い、革新することで時代の転換が進んだのです。

そして今、全国各地の地域、自治体で、心の奥深いところから、何か勉強しなければならない、勉強する必要があるという意識が高まってきています。

北海道の百八十の町村、過疎が非常に進行していく町村の方々が、とかく絶望的になりがちな中で、自分たちの未来を見据えて、自分たちの町をどうつくり上げていくかを学ぼうと、この「地方自治土曜講座」を企画いたしました。

この講座は、当初の予想を大幅に超える三百数十名の自治体職員等が参加するという、学習への熱気の中で開かれています。この企画が自治体職員の心にこだまし、これだけの参加になった。これは、事件ではないか、時代の大きな改革の兆しが現実となりはじめた象徴的な出来事ではないかと思われます。

現在の日本国憲法は、自治体をローカル・ガバメントと規定しています。しかし、この五十年間、明治の時代と同じように行政システムや財政の流れは、中央に権力、権限を集中し、都道府県を通じて地方を支配、指導するという流れが続いておりました。まさに「憲法は変われど、行政の流れ変わらず」でした。しかし、今、時代は大きく転換しつつあります。そして時代転換を支える新しい理論、新しい「政府」概念、従来の中央、地方に替わる新しい政府間関係理論の構築が求められています。

この講座は知識を講師から習得する場ではありません。ものの見方、考え方を自分なりに受け止めてもらう。そして是非、自分自身で地域再生の自治体理論を獲得していただく、そのような機会になれば大変有り難いと思っています。

「地方自治土曜講座」実行委員長
北海道大学法学部教授　森　啓

（一九九五年六月三日「地方自治土曜講座」開講挨拶より）

地方自治土曜講座ブックレットNo. ７４
分権は市民への権限委譲

２００１年9月２８日　初版発行　　　定価（本体１，０００円＋税）

著　者　　上原　公子
企画・編集　北海道町村会企画調査部
発行人　　武内　英晴
発行所　　公人の友社
〒112-0002　東京都文京区小石川５－２６－８
ＴＥＬ ０３－３８１１－５７０１
ＦＡＸ ０３－３８１１－５７９５
振替　００１４０－９－３７７７３

「地方自治土曜講座ブックレット」（平成7年度～12年度）

書名	著者	本体価格
《平成7年度》		
1 現代自治の条件と課題	神原勝	九〇〇円
2 自治体の政策研究	森啓	六〇〇円
3 現代政治と地方分権	山口二郎	（品切れ）
4 行政手続と市民参加	畠山武道	（品切れ）
5 成熟型社会の地方自治像	間島正秀	五〇〇円
6 自治体法務とは何か	木佐茂男	六〇〇円
7 自治と参加　アメリカの事例から	佐藤克廣	（品切れ）
8 政策開発の現場から	小林勝彦・大石和也・川村喜芳	（品切れ）
《平成8年度》		
9 まちづくり・国づくり	五十嵐広三・西尾六七	五〇〇円
10 自治体デモクラシーと政策形成	山口二郎	五〇〇円
11 自治体理論とは何か	森啓	六〇〇円
12 池田サマーセミナーから	間島正秀・福士明・田口晃	五〇〇円
13 憲法と地方自治	中村睦男・佐藤克廣	五〇〇円
14 まちづくりの現場から	斎藤外一・宮嶋望	五〇〇円
15 環境問題と当事者	畠山武道・相内俊一	五〇〇円
16 情報化時代とまちづくり	千葉純・笹谷幸一	（品切れ）
17 市民自治の制度開発	神原勝	五〇〇円
《平成9年度》		
18 行政の文化化	森啓	六〇〇円
19 政策法学と条例	阿倍泰隆	六〇〇円
20 政策法務と自治体	岡田行雄	六〇〇円
21 分権時代の自治体経営	北良治・佐藤克廣・大久保尚孝	六〇〇円
22 地方分権推進委員会勧告とこれからの地方自治	西尾勝	五〇〇円
23 産業廃棄物と法	畠山武道	六〇〇円
25 自治体の施策原価と事業別予算	小口進一	六〇〇円
26 地方分権と地方財政	横山純一	六〇〇円
27 比較してみる地方自治	田口晃・山口二郎	六〇〇円

「地方自治土曜講座ブックレット」（平成７年度～12年度）

《平成10年度》

	書名	著者	本体価格
28	議会改革とまちづくり	森　啓	四〇〇円
29	自治の課題とこれから	逢坂誠二	四〇〇円
30	内発的発展による地域産業の振興	保母武彦	六〇〇円
31	地域の産業をどう育てるか	金井一頼	六〇〇円
32	金融改革と地方自治体	宮脇　淳	六〇〇円
33	ローカルデモクラシーの統治能力	山口二郎	四〇〇円
34	政策立案過程への「戦略計画」手法の導入	佐藤克廣	五〇〇円
35	’98サマーセミナーから「変革の時」の自治を考える	神原昭子 磯田憲一 大和田建太郎	六〇〇円
36	地方自治のシステム改革	辻山幸宣	四〇〇円
37	分権時代の政策法務	礒崎初仁	六〇〇円
38	地方分権と法解釈の自治	兼子　仁	四〇〇円
39	市民的自治思想の基礎	今井弘道	五〇〇円
40	自治基本条例への展望	辻道雅宣	五〇〇円
41	少子高齢社会と自治体の福祉法務	加藤良重	四〇〇円

《平成11年度》

	書名	著者	本体価格
42	改革の主体は現場にあり	山田孝夫	九〇〇円
43	自治と分権の政治学	鳴海正泰	一、一〇〇円
44	公共政策と住民参加	宮本憲一	一、一〇〇円
45	農業を基軸としたまちづくり	小林康雄	八〇〇円
46	これからの北海道農業とまちづくり	篠田久雄	八〇〇円
47	自治の中に自治を求めて	佐藤　守	一、〇〇〇円
48	介護保険は何を変えるのか	池田省三	一、一〇〇円
49	介護保険と広域連合	大西幸雄	一、〇〇〇円
50	自治体職員の政策水準	森　啓	一、一〇〇円
51	分権型社会と条例づくり	篠原　一	一、〇〇〇円
52	自治体における政策評価の課題	佐藤克廣	一、〇〇〇円
53	小さな町の議員と自治体	室崎正之	九〇〇円
54	地方自治を実現するために法が果たすべきこと	木佐茂男	［未刊］
55	改正地方自治法とアカウンタビリティ	鈴木庸夫	一、二〇〇円
56	財政運営と公会計制度	宮脇　淳	一、一〇〇円
57	自治体職員の意識改革を如何にして進めるか	林　嘉男	一、〇〇〇円

「地方自治土曜講座ブックレット」（平成7年度～12年度）

	書名	著者	本体価格
	《平成12年度》		
58	北海道の地域特性と道州制の展望	神原　勝	［未刊］
59	環境自治体とＩＳＯ	畠山　武道	七〇〇円
60	転型期自治体の発想と手法	松下　圭一	九〇〇円
61	分権の可能性―スコットランドと北海道	山口　二郎	六〇〇円
62	機能重視型政策の分析過程と財務情報	宮脇　淳	八〇〇円
63	自治体の広域連携	佐藤　克廣	九〇〇円
64	分権時代における地域経営	見野　全	七〇〇円
65	町村合併は住民自治の区域の変更である。	森　啓	八〇〇円
66	自治体学のすすめ	田村　明	九〇〇円
67	市民・行政・議会のパートナーシップを目指して	松山　哲男	七〇〇円
68	アメリカン・デモクラシーと地方分権	古矢　旬	［未刊］
69	新地方自治法と自治体の自立	井川　博	九〇〇円
70	分権型社会の地方財政	神野　直彦	一、〇〇〇円
71	自然と共生した町づくり　宮崎県・綾町	森山喜代香	七〇〇円
72	情報共有と自治体改革　ニセコ町からの報告	片山　健也	一、〇〇〇円